BEI GRIN MACHT SICH IHR WISSEN BEZAHLT

Rahmenbedingungen des Human Resource Managements

Saskia Haschke

Bibliografische Information der Deutschen Nationalbibliothek:

Die Deutsche Nationalbibliothek verzeichnet diese Publikation in der Deutschen Nationalbibliografie; detaillierte bibliografische Daten sind im Internet über http://dnb.d-nb.de abrufbar.

ISBN: 9783346775597
Dieses Buch ist auch als E-Book erhältlich.

Einsendeaufgabe:

Arbeitswelten und Organisationen im Wandel

Abgegeben am: 15. Mai 2018

Modul: Rahmenbedingungen des Human Resource Management (3. Semester)
Studiengang: Betriebswirtschaft und Management (B.A.)

von
Saskia Haschke

2

Inhaltsverzeichnis
(Alternative A)

Aufgabe 1 3

A 1.1 Die Konsequenzen der Liberalisierung und Flexibilisierung des
Arbeitsmarktes für Arbeitgeber und Arbeitnehmer 3

A 1.2 Die Flexibilisierung und Entgrenzung der Unternehmung:
weitere beobachtbare Entwicklungen 4

A 1.3 Inwieweit sind entsprechende Entwicklungen auch im Bereich von
Non-Profit-Organisationen zu erkennen? 8

Aufgabe 2 9

A 2.1 Veränderungen in den Rahmenbedingungen der modernen
Arbeitswelt...9

A 2.2 Die Auswirkungen von sich ändernden Rahmenbedingungen am
Beispiel der Vorwerk GmbH & Co. KG 11

Aufgabe 3 14

Die Pluralisierung und Differenzierung von Erwerbsformen:
atypische und prekäre Beschäftigungsverhältnisse................................14

Literaturverzeichnis...19

Aufgabe 1

A 1.1 Die Konsequenzen der Liberalisierung und Flexibilisierung des Arbeitsmarktes für Arbeitgeber und Arbeitnehmer

Von der Flexibilisierung des Arbeitsmarktes, die bereits seit 30 Jahren andauert, versprach man sich vordergründig zeitliche, funktionale und finanzielle Vorteile. Seit kurzem sind aber auch die räumlichen und vertraglichen Flexibilisierungen immer mehr in den Vordergrund gerückt.[1] Durch die stetige Liberalisierung des Arbeitsmarktes, also dem Erlass von neuen gesetzlichen und tariflichen Regelwerken, versucht man die über Jahrzehnte gewachsenen Rahmen-bedingungen des Arbeitsmarktes zu lockern.[2]

Vor allem in der heutigen Zeit sind die daraus entstandenen flexiblen Arbeitszeitmodelle, wie z. B. Teilzeit, Gleitzeit, Arbeitszeitkonten, geringfügige Beschäftigung oder Schichtarbeit, vom Arbeitsmarkt nicht mehr wegzudenken, da die Arbeitgeber auf diese Weise die Schwankungen des Auftragsvolumens leichter ausgleichen können und sich die Kundenbedürfnisse so besser bedienen lassen. Die flexibleren Arbeitszeitmodelle sind in den meisten Fällen auch für die Arbeitnehmer eine große Verbesserung, da durch sie die zeitliche Autonomie jedes Einzelnen berücksichtigt werden kann.[3]

Manche Arbeitszeitmodelle, wie z. B. die Schichtarbeit, bringen jedoch erwiesenermaßen körperliche Überforderung und psychische Belastungen mit sich und lassen häufig nur wenig Handlungsspielraum am Arbeitsplatz zu, obwohl man sich dies von einem flexiblen Arbeitszeitmodell eigentlich wünschen würde.[4]

Zu den flexiblen Beschäftigungsverhältnissen zählt auch die befristete Anstellung, die von den Unternehmen, zum Nachteil des Arbeitnehmers, immer häufiger genutzt wird, dem Arbeitgeber jedoch ermöglicht die fixen Personalkosten stärker zu variabilisieren, sodass die Kosten nur dann entstehen, wenn die Arbeitskraft auch tatsächlich benötigt wird.[5]

---

[1] Vgl. *Zölch/Oertig/Calabrò* (2017), S. 19
[2] Vgl. *Breger/Tracht* (2017), S. 70
[3] Vgl. *Zölch/Oertig/Calabrò* (2017), S. 19
[4] Vgl. *Breger/Tracht* (2017), S. 53
[5] Vgl. *Zölch/Oertig/Calabrò* (2017), S. 28-29

Aus Arbeitgebersicht ist die Liberalisierung und Flexibilisierung des Arbeitsmarktes in den meisten Fällen demnach positiv zu bewerten, denn die generellen Modernisierungen und Flexibilisierungen der Tarifverträge in Deutschland seit Mitte der 1990er Jahre haben dazu beigetragen, dass die deutschen Unternehmen weiterhin wettbewerbsfähig bleiben. Durch die Einführung von Branchentarifverträgen für gewisse Wirtschaftszweige wurden für den Arbeitgeber weitere Flexibilisierungsmöglichkeiten geschaffen, sodass die Unternehmen durch sogenannte Öffnungsklauseln weitere Änderungen oder Anpassungen hinsichtlich der Entlohnung oder Arbeitszeit vornehmen können.[6]

Da der Großteil der Arbeitnehmer jedoch in Unternehmen beschäftigt ist, die nicht tarifgebunden sind, muss man festhalten, dass in diesen Firmen die Arbeitsbedingungen noch wesentlich flexibler gestaltet werden können und Veränderungen viel schneller ausgeführt werden, als es bei tarifgebundenen Unternehmen der Fall ist.[7]

A 1.2 Die Flexibilisierung und Entgrenzung der Unternehmung: weitere beobachtbare Entwicklungen

Eine weitere Flexibilisierung auf dem Arbeitsmarkt ist die **Dezentralisierung**. Darunter versteht man die Aufteilung von Verantwortung und Zuständigkeiten auf verschiedenen Stellen, die bewirken soll, dass nicht nur alles von einer Zentrale bzw. einer Person alleine gesteuert wird, sondern dass mehrere Personen oder Abteilungen an einem Prozess, der Zielverwirklichung o. ä. beteiligt sind.[8]

Vor allem heutzutage fordern die modernen Reorganisationskonzepte, dass solch eine Dezentralisierung bestenfalls auf jeder Unternehmensebene stattfindet, wie der Makroebene (Gesamtunternehmung), der Mesoebene (Abteilungen und Prozesse) und der Mikroebene (Arbeitsplatzgestaltung und -organisation).[9]

---

[6] Vgl. *Eichhorst* (2013), S. 14-15
[7] Vgl. *Eichhorst* (2013), S. 15
[8] Vgl. *Bundeszentrale für politische Bildung* (2018)
[9] Vgl. *Breger/Tracht* (2017), S. 36

In einer Studie vom November 2014 der "MHP Management- und IT-Beratung GmbH", einem Tochterunternehmen und Prozesslieferanten der Porsche AG, findet man ein Beispiel für die Dezentralisierung in der Automobil- und Fertigungsindustrie. Um die Produktion in puncto Flexibilität und Autonomie weiterhin zu verstärken und eine vollständige Dezentralisierung des Produktionsumfeldes zu erreichen, werden die gefertigten Produkte mit einem automatisch auslesbaren Datenträger versehen und fungieren somit als selbstständige Informationsträger, die auf diese Weise die relevanten Daten von alleine an die entsprechenden Maschinen übermitteln können.[10]

Die Unternehmen versuchen außerdem durch die **Entgrenzung zum Kunden** weitere Einsparungen und Flexibilisierungen vorzunehmen.

Hierzu gehört u. a. das "Prosuming". Der sogenannte Prosumer, zusammengesetzt aus den Wörtern Producer (Hersteller) und Consumer (Konsument), verkörpert hierbei eine Doppelrolle, indem er als Kunde Aufgaben bzw. Leistungen übernimmt, für die das Unternehmen normalerweise zusätzliche Angestellte bräuchte.[11]

Klassische Beispiele für Prosuming sind der Selbstföhner beim Friseur, der Käufer im Möbelhaus, der sein Regal zu Hause selber zusammenschraubt, oder der Kunde in einem Back-Shop, der sich seine Brötchen selber aus den Regalen nimmt, sie zur Kasse bringt und sogar selbst verpackt. Dieses Konzept findet noch in diversen anderen Branchen Anklang, wie z. B. bei Tankstellen, Schnellrestaurants oder natürlich auch im Internet, in der Form von unzähligen Online-Shops.[12]

Essentiell ist hierbei, dass zum einen die Beratung wegfällt und zum anderen die Kunden die Aufgaben nicht ganz freiwillig übernehmen, sondern maßgeblich gezwungen werden neue Kompetenzen zu entwickeln, was ihnen aber im Gegenzug oftmals einen reduzierten Preis einbringt.[13]

Prosuming ist für die Unternehmen sehr lukrativ und findet bei vielen Menschen großen Anklang, obwohl der Kunde ein paar Handgriffe selber erledigen muss.

---

[10] Vgl. *MHP – A Porsche Company* (2014); Vgl. *MHP Management- und IT-Beratung GmbH* (o. J.)
[11] Vgl. *Breger/Tracht* (2017), S. 43
[12] Vgl. *akademie.de asp GmbH & Co. Betriebs- & Service KG* (2012)
[13] Vgl. *akademie.de asp GmbH & Co. Betriebs- & Service KG* (2012); Vgl. *Breger/Tracht* (2017), S. 43

Man hat herausgefunden, dass McDonald´s, alleine dadurch dass die Kunden ihr Geschirr selber abräumen, jährlich mehrere Millionen Euro einspart.[14]

Eine weitere Form der **Entgrenzung zum Kunden** ist das "Crowdsourcing", zusammengesetzt aus den Wörtern Outsourcing (Auslagern) und Crowdfunding (Gruppenfinanzierung oder Schwarmfinanzierung). Hierbei werden Tätigkeitsbereiche oder Arbeitsprozesse von Unternehmen an die Masse von Internetnutzern abgegeben, die diese Leistungen dann erbringen.[15]

Ein Beispiel für Crowdsouring ist die Plattform "99Desings", die als Marktplatz für Grafikdesign fungiert und auf dem Prinzip des Wettbewerbs zwischen Grafikern basiert. Privatpersonen oder Organisationen laden auf dieser Plattform Arbeitsaufträge hoch, z. B. für ein Logo, eine Visitenkarte, eine Website oder ein Plakat. Es folgt eine Preisangabe für den Auftrag. Je höher der gebotene Preis der Privatperson oder der Organisation ist, desto attraktiver wirkt das Angebot auf die Designer und erhöht schließlich die Anzahl der eingehenden Designvorschläge. Wurde der Auftrag mit allen benötigten Angaben publiziert, beginnt der Wettbewerb zwischen den Designern von "99Designs". Die Plattform "99Designs" wurde 2008 gegründet, ist (Stand 2016) der weltweit größte Online-Marktplatz für Grafikdesign und konnte im Jahr 2015 einen Umsatz von 50 Millionen Euro verzeichnen.[16]

Ein weiteres bekanntes Beispiel für das Crowdsourcing ist die Plattform "Upwork". Sie funktioniert in der Vorgehensweise genauso wie "99Designs", nur dass hierbei die Suche, Einstellung und Bezahlung von Freelancern unterstützt wird. Qualifizierte Arbeitskräfte aus den Bereichen IT, Beratung, Marketing, Buchhaltung o. ä. erstellen auf dieser Plattform ein Profil von ihrem Tätigkeitsfeld und können auf interessante Stellenangebote von Auftraggebern ein Angebot einreichen. Anhand dieser Angebote wählen die Auftraggeber ihren Kandidaten aus oder führen bei Bedarf Vorstellungsgespräche, um hinterher eine bessere Auswahl treffen zu können. Die Preisvorstellungen werden im Vorfeld angegeben, können aber natürlich noch einmal individuell verhandelt werden.[17]

---

[14] Vgl. *Breger/Tracht* (2017), S. 43
[15] Vgl. *Zölch/Oertig/Calabrò* (2017), S. 50
[16] Vgl. *Zölch/Oertig/Calabrò* (2017), S. 52-53
[17] Vgl. *Zölch/Oertig/Calabrò* (2017), S. 53-54

Es wurde ermittelt, dass im Jahr 2014 die Anzahl der registrierten Freelancer bei 9,7 Millionen lag, im gleichen Jahr 2,8 Millionen Aufträge ausgeschrieben wurden und die Lohnsumme aller Aufträge, die im Jahr 2014 über die Plattform "Upwork" abgeschlossen wurden, 941 Millionen US-Dollar betrug.[18]

Mit der **Entgrenzung zur gesellschaftlichen Umwelt** konzentrieren sich die heutigen Unternehmen bei der Entscheidungsfindung nicht mehr nur auf die Wirtschaftlichkeit, sondern versuchen auch die Nachhaltigkeit, die gesellschaftlichen Forderungen und öffentlichen Interessen zu berücksichtigen. Vor allem die bekannten Großkonzerne und Firmen verfolgen dieses Vorhaben schon seit langem und sehen einen positiven Effekt im gesellschaftlichen Engagement. Zum einem erzielt ein Unternehmen dadurch eine positive Außenwirkung auf die Kunden, Bewerber, Lieferanten o. ä. und zum anderen haben viele Unternehmen eingesehen, dass sie eine gesellschaftliche Verpflichtung haben soziale, ökologische und ökonomische Aspekte in ihrem unternehmerischen Handeln zu berücksichtigen.[19]

Durch sogenannte "Corporate-Citizenship-Konzepte", besser bekannt als "Corporate Social Responsibility", engagieren sich die Unternehmen für ihre gesellschaftliche Umwelt, indem sie als Sponsor fungieren, sich an Projekten beteiligen oder auch mit Finanzierungen für kulturelle Eichrichtungen, örtliche Vereine oder die Stadtentwicklung unterstützend tätig sind. Darüber hinaus zählen zum gesellschaftlichen Handeln eines Unternehmens auch faire Geschäftspraktiken, eine mitarbeiterorientierte Personalpolitik, der Einsatz von natürlichen Ressourcen und der Schutz von Klima und Umwelt.[20]

Selbst in Krisenphasen versuchen zumindest die großen Unternehmen an Programmen der öffentlichen und sozialen Verantwortung festzuhalten, um wenigstens in diesem Punkt weiterhin die Berechtigung zu haben, am Markt existieren zu dürfen, da Macht und Einfluss alleine nur selten ausreichen.[21]

---

[18] Vgl. *Zölch/Oertig/Calabrò* (2017), S. 55
[19] Vgl. *Breger/Tracht* (2017), S. 45; Vgl. *Bundesministerium für Arbeit und Soziales* (o. J.)
[20] Vgl. *Breger/Tracht* (2017), S. 45; Vgl. *Bundesministerium für Arbeit und Soziales* (o. J.)
[21] Vgl. *Breger/Tracht* (2017), S. 45

A 1.3 Inwieweit sind entsprechende Entwicklungen auch im Bereich von Non-Profit-Organisationen zu erkennen?

Non-Profit-Organisationen sind Institutionen, die einem gesellschaftlich als sinnvoll oder notwendig anerkannten Leistungsauftrag folgen und somit weder erwerbswirtschaftliche Firmen noch öffentliche Behörden sind.[22] Zu den Non-Profit-Organisationen gehören z. B. Kirchen, Stiftungen, öffentliche Verwaltungsbetriebe, Parteien oder Verbände, also Institutionen, die in vielen Fällen für den Erhaltungszweck auf freiwilliges Engagement angewiesen sind.[23]

Die **Entgrenzung zur gesellschaftlichen Umwelt** findet bei Non-Profit-Organisationen verständlicherweise nicht statt, da ihr Gründungszweck sowieso dem Nutzen der Allgemeinheit dient.

Entwicklungen wie die **Dezentralisierung** kann man aber natürlich auch bei Non-Profit-Organisationen erkennen. Genauso wie die Unternehmen versuchen auch die Kirchen, Parteien etc. Entscheidungen vermehrt auf der kommunalen Ebene zu treffen. Dies soll vor allem bei Kirchen oder Parteien die streng vorgegebenen Hierarchien abbauen und Flexibilisierungen schaffen. Bei solchen Institutionen werden Entscheidungen, die nicht von außerordentlicher Wichtigkeit sind, mittlerweile bürgernah getroffen, also von den Kirchen, Gemeinden oder Landesregierungen vor Ort, ohne dass sich direkt die Bundesregierung in Berlin oder der Papst im Vatikan einschalten muss.[24]

Auch das **Prosuming** kann man in abgewandelter Form bei Non-Profit-Organisationen erkennen. Bürger, die für ihre Überzeugungen auf die Straße gehen, und dadurch indirekt Werbung für ihre Partei, Religion oder Institution machen, kann man als Prosumer bezeichnen. Eine weitere Form des Prosumings kann man vor allem in der heutigen Zeit im Internet entdecken. Die Bürger stehen für ihren Glauben oder ihre Überzeugungen ein und drücken dies in Foren und Blogs aus. Vor allem im Wahlkampf ist dies für Politiker und ihre Parteien ein großer Vorteil. So entstehen Vernetzungen mit Gleichgesinnten, die es ermöglichen einen größeren Einfluss auch auf andere Menschen auszuüben, wodurch die Parteien in hohem Maße unterstützt werden.[25]

---

[22] Vgl. *Helmig/Boenigk* (2013), S. 5
[23] Vgl. *Bayerisches Staatsministerium für Familie, Arbeit und Soziales* (o. J.)
[24] Vgl. *Axel Springer SE* (2015); Vgl. *Bundeszentrale für politische Bildung* (2018)
[25] Vgl. *Habbel/Huber* (2008)

Aufgabe 2

A 2.1 Veränderungen in den Rahmenbedingungen der modernen Arbeitswelt

Die Arbeitswelt ist ständig im Wandel und wird u. a. von der **Globalisierung** beeinflusst, durch die der Arbeitsmarkt in der heutigen Zeit nicht mehr national oder regional, sondern global begrenzt ist. Die Unternehmen versuchen überall zu sparen, wie u. a. an den Löhnen, Gehältern und Ressourcen, und verlegen demzufolge häufig ihre Produktionen ins Ausland, wo die Arbeitskraft deutlich billiger angeboten wird, als es in Westeuropa der Fall ist.[26]

Die einzige Möglichkeit nicht mit Unternehmen in Konkurrenz treten zu müssen, die in Billiglohnländern angesiedelt sind, sind qualifizierte Mitarbeiter. Diese Entwicklung kann man vor allem auf dem deutschen Arbeitsmarkt beobachten, da hier ein großer Fachkräftemangel herrscht und eine Menge an geringqualifizierten Arbeitskräften auf Arbeitssuche ist. In der Zukunft wird es zudem noch öfter dazu kommen, dass Stellen für hochqualifizierte Bewerber, z. B. aus dem IT- oder Technikbereich, ins Ausland verlagert werden, da die Lohnansprüche u. a. in Indien und China, in denen sehr viele Menschen hochqualifizierte Ausbildungen haben, sehr viel geringer sind, als es beispielsweise in Deutschland der Fall ist.[27]

Zu den Vorteilen, die aus der Globalisierung für die Unternehmen und die Mitarbeiter resultieren, gehören neue Einblicke in andere Arbeitswelten, der internationale Wissens- und Kommunikationsaustausch und dass man von einer größeren Vielfalt an Waren und Produkten profitieren kann.[28]

Weitere Veränderungen in der Arbeitswelt entstehen durch die **Digitalisierung**. Heutzutage ist es für Unternehmen fast unmöglich nicht auf den Zug der Digitalisierung mit aufzuspringen und sich neuen Informations- und Kommunikationstechnologien zu entziehen. Neben dem schnellen Zugang zu Informationen spielt natürlich auch eine entscheidende Rolle, dass durch neue Technologien die Geschäftsprozesse immer weiter beschleunigt werden. In den

---

[26] Vgl. *Lugert* (o. J.)
[27] Vgl. *Lugert* (o. J.)
[28] Vgl. *Badura/Ducki/Schröder et al.* (2012), S. 256; Vgl. *Fuchs Media Solutions* (o. J.)

letzten Jahren hat am Arbeitsplatz die Verwendung von Computern stark zugenommen und somit auch die Anforderungen an die Mitarbeiter verändert, die durch die Digitalisierung immer mehr EDV- und IT-Kenntnisse mitbringen müssen oder bereit sein müssen, sich diese anzueignen.[29]

Außerdem wird versucht immer mehr anstrengende Tätigkeiten an Maschinen abzugeben und so eine Kooperation von Mensch und Technik zu erzielen. Es wäre jedoch falsch zu glauben, dass dadurch weniger Personal benötigt wird. Im Gegenteil – die Zukunftsprognosen ergeben, dass manche Berufsbilder, vor allem für einfache Routinearbeiten, zwar überflüssig werden, es durch die zunehmende Automatisierung aber zu mehr Personalbedarf im IT-Sektor und in den Bereichen Selbstmanagement und Kreativität kommen wird. Der Grund dafür ist, dass die Digitalisierung zunehmende Unsicherheit mit sich bringt und für die Unternehmen dadurch der Blick in die Zukunft erschwert wird. Demzufolge wird von den Mitarbeitern das lebenslange Lernen stärker gefordert werden, da dies für die Unternehmen ein Erfolgsfaktor sein kann, durch den sie im Wettbewerb mit anderen Firmen weiter bestehen können.[30]

Die Rahmenbedingungen der Arbeitswelt haben sich vorwiegend auch durch den **demographischen Wandel** stark verändert. Die Folgen für den globalen Arbeitsmarkt sind enorm, denn mittlerweile müssen sich die Arbeitskräfte nicht nur lokal beweisen, sondern auch weltweit. Das macht es den Unternehmen nicht leichter, da sie viel mehr bieten müssen, um qualifizierte Mitarbeiter für sich zu gewinnen und halten zu können.[31]

Eine schwerwiegendere Folge des demographischen Wandels ist die gestiegene Lebenserwartung, in Verbindung mit der Erhöhung des Renteneintrittsalters. Die Alterung der Bevölkerung, und folglich auch der Mitarbeiter, müssen die Unternehmen lernen zu berücksichtigen, da diese Entwicklung nicht nur die generelle Zusammenarbeit innerhalb der Belegschaft beeinflusst, sondern sich hierbei auch Unterschiede zwischen den Mitarbeitern feststellen lassen, z. B. bei der Motivation, der Kommunikation, dem Umgang mit neuen Technologien, dem Wissensstand sowie bei der Lösungsfindung.[32]

---

[29] Vgl. *Breger/Tracht* (2017), S. 28
[30] Vgl. *Blaeser-Benfer/Pollety* (2017), S. 27-28; Vgl. *personalmanagement.info* (2017)
[31] Vgl. *Badura/Ducki/Schröder et al.* (2012), S. 257
[32] Vgl. *Badura/Ducki/Schröder et al.* (2012), S. 257

Der demographische Wandel ist jedoch keinesfalls auf Deutschland begrenzt, sondern findet aufgrund des Geburtenrückgangs und verbesserter Lebensumstände, deren Folgen so gut wie in allen Ländern spürbar sind, eigentlich überall in Form eines schleichenden Prozesses statt.[33]

Grundsätzlich kann man festhalten, dass die moderne Arbeitswelt neue Herausforderungen an die Unternehmen und ihre Mitarbeiter stellt. Nicht nur, dass die Mitarbeiter sich neuen Anforderungen und Technologien stellen müssen, mit denen die älteren Mitarbeiter häufig Schwierigkeiten haben, sondern dass auch die Schnelllebigkeit durch die Digitalisierung und die Globalisierung die Unternehmen zu einem schnellerem Handeln zwingt und praktisch zu einer Umstrukturierung der Belegschaft verpflichtet. Weitere Erschwernisse der modernen Arbeitswelt, die hierbei nicht genauer erläutert wurden, sind z. B. die **Individualisierung**, durch die die Arbeit immer mehr ins Privatleben übergreift, eine **Verschmelzung der Technologien**, durch die eine "intelligentere" Welt geschaffen werden soll, sowie ein **digitaler Lebensstil**, wodurch sich die Kommunikationsformen in den letzten Jahren signifikant und rasant modernisiert haben.[34]

All diese Entwicklungen bringen Veränderungen im Arbeits- und Privatleben mit sich, die man jetzt schon intensiv zu spüren bekommt und die sich in den kommenden Jahren noch viel deutlicher heraus kristallisieren werden.

A 2.2 Die Auswirkungen von sich ändernden Rahmenbedingungen am Beispiel der Vorwerk GmbH & Co. KG

Bereits seit 1883 existiert das Familienunternehmen Vorwerk GmbH & Co. KG, das von den Brüdern Carl und Adolf Vorwerk als Barmer Teppichfabrik Vorwerk & Co., mit Sitz in Wuppertal, gegründet wurde.[35] Zu den Produkten von Vorwerk zählen nicht nur die bekannten Reinigungsgeräte aus der "Kobold"-Serie, sondern auch andere hochwertige Haushaltsgeräte, wie z. B. die Küchenmaschine "Thermomix" oder edle Teppiche und Bodenbeläge.[36]

---

[33] Vgl. *Prescreen International GmbH* (o. J.)
[34] Vgl. *Badura/Ducki/Schröder et al.* (2012), S. 256, 258-259
[35] Vgl. *Blaeser-Benfer/Pollety* (2017), S. 207
[36] Vgl. *Vorwerk & Co. KG* (o. J.)

Heute ist Vorwerk ein Global Player, der mittlerweile ganze 39% des Umsatzes allein mit dem "Thermomix", der bereits 1961 auf den Markt kam, erwirtschaftet. Mit der Weiterentwicklung dieser Küchenmaschine im letzten Jahrzehnt, wurde die Digitalisierung bei Vorwerk schlagartig eingeleitet. Nicht nur, dass man mit diesem einen Gerät kochen, mixen, rühren, wiegen usw. kann, es zeichnet sich vor allem durch die Anbindung an die digitale Welt aus und ist somit voll im Trend und in der modernen Arbeits- und Lebenswelt angekommen. Anhand von digitalen Chips, die sich durch das Anlegen an den "Thermomix" mit dem Gerät verbinden, können unzählige Rezepte auf dem Display angezeigt und nachgekocht werden, ohne dass weitere Küchengeräte benötigt werden. Die Verbindung zum WLAN und die Funktion, sich mit der dazugehörigen App verbinden zu können, machen den "Thermomix" zu einer noch größeren Innovation im digitalen Zeitalter.[37]

Auch mit dem demographischen Wandel beschäftigt sich Vorwerk intensiv. Man ist sich darüber im Klaren, dass die alternde Bevölkerung, die Tatsache, dass Deutschland ein Einwanderungsland ist und die generellen Veränderungen in der Gesellschaft, wie z. B. dass die Frauen heutzutage immer später Kinder bekommen und die Karriere im Vordergrund steht, berücksichtigt werden müssen. Vorwerk weiß, dass diese Entwicklungen starke Auswirkungen auf den Bedarf, die Kundensegmente und das Kaufverhalten haben. Bei Vorwerk erhalten auch ältere Menschen, die woanders keine Chance haben eingestellt zu werden oder veraltete Berufe erlernt haben, die Möglichkeit sich beispielsweise im Direktvertrieb als Quereinsteiger zu beweisen.[38]

Auch der voranschreitenden Globalisierung tritt Vorwerk insofern entgegen, als dass das Unternehmen weiterhin seinen Mitarbeitern die eigene Unternehmenskultur vermittelt und sie regelmäßig schult, um den Kundenkontakt bestmöglich sicherzustellen, denn „(e)ine Firmenphilosophie ist letztendlich immer nur so gut, wie sie draußen auch von den Beschäftigten gelebt und repräsentiert wird."[39] Des Weiteren hat die Qualität der Produkte immer Vorrang, da sie das Aushängeschild eines jeden Unternehmens ist. Bei

---

[37] Vgl. *Blaeser-Benfer/Pollety* (2017), S. 207-208
[38] Vgl. *Happe* (2007), S. 76
[39] *Happe* (2007), S. 76

Vorwerk nimmt sie jedoch eine besondere Rolle ein, da beispielsweise der "Thermomix" nur über eine persönliche Repräsentantin erworben werden kann und nicht im Online-Shop zu finden ist. Der Hintergedanke dabei ist, dass ein Küchengerät aufgrund der persönlichen Einweisung später nicht nur der Dekoration dient, sondern tatsächlich im Alltag verwendet wird. Damit wird eine bessere Resonanz erzielt und durch Mundpropaganda der "Thermomix" folglich von alleine beworben.[40]

So langsam muss sich jedoch auch Vorwerk in mancher Hinsicht umorientieren. Selbstverständlich sind Handelsvertreter, die Produkte an der Haustür verkaufen, immer noch zu finden. Allerdings werden sie nicht mehr so gerne gesehen, wie es noch vor zehn oder zwanzig Jahren der Fall war. Vermehrt äußern sich Probleme der modernen Welt. Beispielsweise sind die Arbeitnehmer kaum mehr zu Hause oder wollen ihre geringe Zeit anders nutzen. In China ist man diesem Problem entgegengetreten, indem man die Produkte in angemieteten Küchenstudios präsentiert. Und auch in Deutschland wird der "Thermomix" nur noch in Form einer terminierten "Thermomix"-Party an die Frau gebracht.[41]

All dies sind Reaktionen auf die Entwicklungen der Außenwelt, auf die selbst ein renommiertes Familienunternehmen wie die Vorwerk GmbH & Co. KG reagieren muss, um langfristig am Markt existieren zu können. Die Produkte müssen ständig modernisiert und verändert werden, um im Trend zu bleiben und sich den Alltagsproblemen der Menschen anzupassen.

Man muss aber anmerken, dass Vorwerk sehr ambitioniert auf diese Entwicklungen reagiert und demzufolge auch 2016 seinen Umsatz erneut steigern konnte. Der Grund dafür sind Investitionen in den Ausbau der Produktionsstandorte und die Weiterentwicklung digitaler Angebote. Vorwerk erfindet sich immer neu, entwickelt sich weiter, stellt sich den Herausforderungen der modernen Arbeitswelt und man merkt – diese Bemühungen machen sich bezahlt.[42]

---

[40] Vgl. *Blaeser-Benfer/Pollety* (2017), S. 209-210; Vgl. *Happe* (2007), S. 75
[41] Vgl. *stern.de GmbH* (2017)
[42] Vgl. *Vorwerk & Co. KG* (2017)

Aufgabe 3

Die Pluralisierung und Differenzierung von Erwerbsformen: atypische und prekäre Beschäftigungsverhältnisse

Mittlerweile werden anstelle von **Normalarbeitsverhältnissen** immer mehr atypische und prekäre Beschäftigungsverhältnisse geschlossen. Normalarbeitsverhältnisse zeichnen sich dadurch aus, dass sie nicht staatlich gefördert sind, sozialversicherungspflichtig sind, in Vollzeit ausgeübt werden, der Arbeitsvertrag unbefristet ist, nicht über Leiharbeit ausgeführt werden und der Arbeitnehmer von dem dadurch erworbenen Einkommen gut leben kann.[43]

Atypische Beschäftigungsverhältnisse unterscheiden sich von Normalarbeits-verhältnissen in mindestens einem der genannten Kriterien. Als atypisch gelten somit Teilzeitbeschäftigungen, nicht sozialversicherungspflichtige Arbeiten, Leiharbeit, geringfügige Beschäftigungen (Minijobs) sowie befristete Arbeitsverhältnisse.[44]
Im Jahr 2015 war jeder vierte Arbeitnehmer atypisch beschäftigt und somit befristet, in Teilzeit oder über Leiharbeit angestellt bzw. versuchte über eine Soloselbstständigkeit sein Geld zu verdienen. Dieser Trend hält auch noch weiter an. Aktuelle Untersuchungen der IG Metall zeigen, dass die atypische Beschäftigung noch weiter zunehmen wird.[45]

Es findet noch eine weitere Unterscheidung zwischen den Beschäftigungs-verhältnissen statt, nämlich die Differenzierung von atypischer und **prekärer Beschäftigung**.
Man bezeichnet eine Beschäftigung als prekär, wenn das dadurch erworbene Einkommen für den Arbeitnehmer nicht zum Leben ausreicht, die Arbeit nicht auf Dauer ist oder der Arbeitnehmer unfreiwillig einer Teilzeitbeschäftigung nachgehen muss. Hierzu gehören auch Arbeitsverhältnisse als Leiharbeiter in der Zeitarbeit, im Niedriglohnsektor, Werkvertrags-Arbeiter, Minijobs sowie staatlich geförderte Arbeiten. Selbstständige gehen ebenso einer prekären

---

[43] Vgl. *Haubl/Hausinger/Voß* (2013), S. 26; Vgl. *Keller/Seifert* (2013), S. 11
[44] Vgl. *Haubl/Hausinger/Voß* (2013), S. 26; Vgl. *Keller/Seifert* (2013), S. 12-13
[45] Vgl. *Steiner/Mittländer* (2017), S. 9

Beschäftigung nach, wenn sie als sogenannte Scheinselbstständige von nur einem Auftraggeber abhängig sind.[46]

Atypische und prekäre Beschäftigung wird häufig fälschlicherweise synonym verwendet, obwohl eine atypische Arbeit nicht unbedingt gleich prekär sein muss. Übt eine Person beispielsweise freiwillig ein befristetes oder nur in Teilzeit beschäftigtes Arbeitsverhältnis aus, wodurch sie sich ihren Lebensstandard sichern kann und nicht auf zusätzliche Hilfe vom Staat angewiesen ist, dann kann man hierbei kaum von einer prekären Arbeit sprechen. Ein Beispiel hierfür ist eine Mutter mit Kind(ern), deren Mann einer Vollzeitbeschäftigung nachgeht. Da sie den Haushalt führen muss, hat sie selbst entschieden, dass ihr ein Minijob oder eine Teilzeitbeschäftigung als zusätzliches Einkommen zum Gehalt ihres Mannes ausreicht und sie auch aus zeitlichen Gründen nicht mehr Arbeitsstunden pro Monat leisten kann.[47]

Das Wort "prekär" stammt von zwei lateinischen Begriffen ab[48]:

precarius   = bedenklich, unangenehm, unsicher, heikel, schwierig

precere   = um etwas bitten müssen

Diese beiden Begriffe umschreiben die Situation sehr zutreffend, in der sich die Personen befinden, die einer prekären Beschäftigung nachgehen. Diese Arbeitskräfte befinden sich konstant in einem zukunftsunsicheren und schwer absehbaren Arbeitsverhältnis. Hinzu kommt, dass bei einer prekären Beschäftigung häufig keine Rechtsansprüche geltend gemacht werden können, um den Fortbestand des Beschäftigungsverhältnisses zu sichern.[49]

Ein gutes Beispiel für die ungleiche Behandlung von schwangeren Frauen in unterschiedlichen Beschäftigungsverhältnissen ist das Folgende: Im Gegensatz zu schwangeren Frauen, die vor der Entbindung in einem unbefristeten Arbeitsverhältnis beschäftigt waren und nach der Schwangerschaft einen Anspruch auf Weiterbeschäftigung haben, müssen schwangere Frauen, die vor der Entbindung einer befristeten Beschäftigung nachgingen, auf den

---

[46] Vgl. *dgb.de* (o. J.)
[47] Vgl. *Keller/Seifert* (2013), S. 16
[48] Vgl. *Steiner/Mittländer* (2017), S. 9
[49] Vgl. *Steiner/Mittländer* (2017), S. 9

"guten Willen" des Arbeitgebers hoffen und ihn darum bitten, nach der Schwangerschaft weiter angestellt bleiben zu dürfen.[50]

Um die schwierige Lage von prekär Beschäftigten noch weiter zu verdeutlichen muss man darauf hinweisen, dass im Jahr 2015 ca. 6% der Beschäftigten in der Zeitarbeit auf ergänzende Hartz IV-Leistungen oder Aufstockungen zurückgreifen mussten, da das Einkommen durch die Leiharbeit nicht zum Leben ausreichte.[51]

Zudem muss man anmerken, dass sich prekäre Beschäftigung mitunter negativ auf die Angestellten in Normalarbeitsverhältnissen auswirken kann. Durch den vermehrten Einsatz von Leiharbeitern und (Schein-)Selbstständigen können die Unternehmen Einschränkungen und Verringerungen der bisherigen Leistungen und Standards gegenüber der Stammbelegschaft erreichen und somit die Stammmitarbeiter in ihren bisherigen Forderungen einschränken.[52]

Der **Übergang von einer atypischen zu einer prekären Beschäftigung** macht demnach aus, in welchen sozialen Verhältnissen sich der Angestellte befindet und ob er die Beschäftigung in dieser Form freiwillig oder nur notgedrungen ausführt. Atypische und prekäre Beschäftigungsverhältnisse bieten den Unternehmen ein größeres Maß an Flexibilität, weshalb sie diese Möglichkeit aufgrund des sich stark und vor allem schnell verändernden Arbeitsmarktes auch wahrnehmen müssen.[53] Aus Arbeitnehmersicht kann man dem Problem, nur atypisch oder prekär beschäftigt zu werden, oftmals nur vorbeugen, indem man sich ausreichend qualifiziert und sich für die Unternehmen unerlässlich macht.

Schon Pierre Bourdieu, ein französischer Soziologe und Sozialphilosoph, prophezeite in einem Vortrag im Jahr 1997 eine stetige Zunahme an Prekarität. Der allgemeine Dauerzustand der Unsicherheit führe dazu, dass die Unternehmen in Form von veränderten Beschäftigungsverhältnissen auf diese Entwicklung reagieren müssten. Mit der Zeit wurde dies auch von vielen weiteren Sozialwissenschaftlern bestätigt.[54]

---

[50] Vgl. *Steiner/Mittländer* (2017), S. 9
[51] Vgl. *Steiner/Mittländer* (2017), S. 9-10
[52] Vgl. *Steiner/Mittländer* (2017), S. 10
[53] Vgl. *Haubl/Hausinger/Voß* (2013), S. 45
[54] Vgl. *Marchart* (2013), S. 7

Grundsätzlich kann man sagen, dass atypische und prekäre Beschäftigungs-verhältnisse zwar weiter zunehmen werden, dass Normalarbeitsverhältnis jedoch nicht zum Auslaufmodell werden wird. Vor allem muss man sich vor Augen führen, dass bei der "Wahl" des Beschäftigungsverhältnisses je nach Region (Ost oder West), Branche, Alter und Qualifikation des Arbeitnehmers große Unterschiede gemacht werden. Außerdem sind bei sämtlichen Formen, außer bei der Leiharbeit, Frauen in atypischen oder prekären Beschäftigungs-verhältnissen überrepräsentiert. Dieses Problem ist auf die bereits erwähnte Tatsache zurückzuführen, dass in der heutigen Zeit vorrangig immer noch die Frau zu Hause bleibt und in der ersten Zeit die Kinderbetreuung und den Haushalt übernimmt und folglich nicht Vollzeit arbeiten kann oder von den Unternehmen für gewisse Stellen und Positionen einfach nicht berücksichtigt wird.[55]

Die langfristigen Folgen bzw. die Prekaritätsrisiken sind für manche Personen-oder Problemgruppen, wie z. B. für Frauen, Ausländer oder ältere Menschen, natürlich wesentlich höher als für andere Gruppen. Von der Reform der Arbeitsmarktstrukturen (Hartz IV-Gesetzte) versprach man sich eigentlich einen vereinfachten Übergang von atypischen Beschäftigungsverhältnissen in Normalarbeitsverhältnisse bzw. einen dynamischeren Übergang von der Arbeitslosigkeit in ein Beschäftigungsverhältnis. Diese Entwicklungen trafen jedoch nicht ein, sondern es kristallisierte sich eher eine sogenannte Pfadabhängigkeit heraus. In diesem Falle konnten Angestellte nach der Beendigung eines Normalarbeitsverhältnisses meist schnell wieder eine solche Beschäftigung finden. Leider verharrten aber auch die atypisch oder prekär Beschäftigten auf der gleichen Ebene und konnten in der Regel nicht in ein Normalarbeitsverhältnis wechseln.[56]

Zusammenfassend kann man festhalten, dass es hoch qualifizierte Bewerber auch in der heutigen Zeit nicht schwer haben bei den Unternehmen in einem Normalarbeitsverhältnis angestellt zu werden. Diese Schwierigkeit trifft eher auf zeitlich eingeschränkte und mittel oder gering qualifizierte Bewerber zu.

---

[55] Vgl. *Bundeszentrale für politische Bildung* (2009)
[56] Vgl. *Breger/Tracht* (2017), S. 72; Vgl. *Springer Gabler | Springer Fachmedien Wiesbaden GmbH* (o. J.)

Atypische oder prekäre Arbeitsverhältnisse bieten jedoch nicht nur den Unternehmen die Chance flexibel auf die Veränderungen der Umwelt und des Arbeitsmarktes reagieren zu können, sondern eröffnen auch den Menschen eine Möglichkeit zu arbeiten, die aus privaten, psychischen oder körperlichen Gründen keiner Vollzeittätigkeit mehr nachgehen können. Vor allem aber erhalten auch Langzeitarbeitslose durch atypische und prekäre Beschäftigungsverhältnisse wieder vermehrt die Chance sich z. B. in einem Minijob, bei einer Teilzeitanstellung oder als Leiharbeiter auf dem Arbeitsmarkt zu beweisen und schaffen möglicherweise so wieder den Sprung ins Berufsleben, was als Langzeitarbeitsloser vor zwanzig Jahren noch schier unmöglich gewesen wäre.

Somit muss man sich neben den mehrheitlich negativen Entwicklungen auf dem Arbeitsmarkt auch immer die kleinen positiven Effekte vor Augen führen und sich die daraus entstehenden Vorteile für manche Personengruppen bewusst machen.

Literaturverzeichnis

Bücher:

Badura, B./Ducki, A./Schröder, H./Klose, J./Meyer, M. (2012), Fehlzeiten-Report 2012, 1. Auflage, Berlin/Heidelberg.

Blaeser-Benfer, A./Pollety, W. (2017), Digitalisierung – betriebliche Handlungsfelder der Unternehmensentwicklung, 1. Auflage, Frankfurt am Main.

Happe, G. (2007), Demographischer Wandel in der unternehmerischen Praxis, 1. Auflage, Wiesbaden.

Haubl, R./Hausinger, B./Voß, G. (2013), Riskante Arbeitswelten, 1. Auflage, Frankfurt am Main.

Helmig, B./Boenigk, S. (2013): Nonprofit Management, 1. Auflage, München.

Keller, B./Seifert, H. (2013), Atypische Beschäftigung zwischen Prekarität und Normalität, 1. Auflage, Berlin.

Marchart, O. (2013), Facetten der Prekarisierungsgesellschaft, 1. Auflage, Bielefeld.

Steiner, R./Mittländer, S. (2017), Leiharbeit, Werkverträge und andere prekäre Beschäftigungsverhältnisse, 3. Auflage, Frankfurt am Main.

Zölch, M./Oertig, M./Calabrò, V. (2017), Flexible Workforce – Fit für die Herausforderungen der modernen Arbeitswelt?, 1. Auflage, Bern.

Broschüren von Institutionen/Firmen/Verbänden:

Eichhorst, W. (2013), Der europäische Arbeitsmarkt – Erfolg durch Flexibilität und Mobilität, Konrad-Adenauer-Stiftung e.V., Berlin.

MHP – A Porsche Company (2014), Studie Industrie 4.0 – Eine Standortbestimmung der Automobil- und Fertigungsindustrie, o. O..

Studienbrief:

Breger, W./Tracht, Ch. (2017), Arbeitswelten und Organisationen im Wandel, 4. Auflage, Studienbrief der SRH Fernhochschule, Riedlingen.

Artikel aus dem Internet:

akademie.de asp GmbH & Co. Betriebs- & Service KG (2012): Gründungs- und Geschäftsideen zum Nachmachen und Weiterentwickeln, https://www.akademie.de/wissen/geschaeftsideen-entwickeln/kunden-zu-mitarbeitern-machen, abgerufen am 05.05.2018.

Axel Springer SE (2015): Papst Franziskus ist für Segen auf vielen Wegen, https://www.welt.de/debatte/kommentare/article148021966/Papst-Franziskus-ist-fuer-Segen-auf-vielen-Wegen.html, abgerufen am 06.05.2018.

Bayerisches Staatsministerium für Familie, Arbeit und Soziales (o. J.): Non-Profit-Organisationen, https://www.lbe.bayern.de/service/lexikon/neue/24958/index.php, abgerufen am 24.04.2018.

Bundesministerium für Arbeit und Soziales (o. J.): Nachhaltigkeit und CSR, http://www.csr-in-deutschland.de/DE/Was-ist-CSR/Grundlagen/ Nachhaltigkeit-und-CSR/nachhaltigkeit-und-csr.html, abgerufen am 05.05.2018.

Bundeszentrale für politische Bildung (2009): Atypische Beschäftigungsverhältnisse: Formen, Verbreitung und soziale Folgen, http://www.bpb.de/apuz/31902/atypische-beschaeftigungsverhaeltnisse-formen-verbreitung-soziale-folgen?p=all, abgerufen am 13.05.2018.

Bundeszentrale für politische Bildung (2018): Dezentralisierung, http://www.bpb.de/nachschlagen/lexika/das-junge-politik-lexikon/204292/dezentralisierung, abgerufen am 02.05.2018.

dgb.de (o. J.): Prekäre Beschäftigung, http://www.dgb.de/service/glossar?sel=p, abgerufen am 09.05.2018.

Fuchs Media Solutions (o. J.): Globalisierung Pro und Contra, https://www.globalisierung-fakten.de/globalisierung-informationen/ globalisierung-pro-und-contra/, abgerufen am 07.05.2018.

Habbel, F.-R./Huber, A. (2008): Kommunalkampf 2.0 – Erfahrungen und Tipps, http://kommune20.de/?p=318, abgerufen am 06.05.2018.

Lugert, S. (o. J.): Folgen der Globalisierung – Arbeitsmarkt, http://www.globalisierung-infos.de/arbeitsmarkt.html, abgerufen am 07.05.2018.

MHP Management- und IT-Beratung GmbH (o. J.): Das Unternehmen, https://www.mhp.com/de/das-unternehmen/, abgerufen am 03.05.2018.

personalmanagement.info (2017): Der Wandel der Arbeitswelt durch Digitalisierung, http://www.personalmanagement.info/hr-know-how/fachartikel/detail/-c26765bc97/, abgerufen am 06.05.2018.

Prescreen International GmbH (o. J.): Demographischer Wandel, https://prescreen.io/de/glossar/demographischer-wandel/, abgerufen am 07.05.2018.

Springer Gabler | Springer Fachmedien Wiesbaden GmbH (o. J.): Atypische Beschäftigung, https://wirtschaftslexikon.gabler.de/definition/atypische-beschaeftigung-53543, abgerufen am 13.05.2018.

stern.de GmbH (2017): Der Thermomix-Boom ebbt ab – doch Vorwerk hat schon einen Plan, https://www.stern.de/wirtschaft/news/thermomix--der-boom-ebbt-ab--so-reagiert-vorwerk-7460206.html, abgerufen am 08.05.2018.

Vorwerk & Co. KG (o. J.): Innovative Produkte für ein modernen Leben zu Hause, https://corporate.vorwerk.de/produkte/, abgerufen am 08.05.2018.

Vorwerk & Co. KG (2017): Vorwerk Pressemitteilungen, https://corporate.vorwerk.de/presse/2017/pressemitteilungen/vorwerk-waechst-und-setzt-auf-digitalisierung-und-innovationen-wuppertaler-familienunternehmen-kon/, abgerufen am 09.05.2018.